Qiche Fadongji Zhuangpei Gongyi Xuesheng Gongzuoye
汽车发动机装配工艺学生工作页

许平 江帆 编著

人民交通出版社股份有限公司
China Communications Press Co.,Ltd.

内 容 提 要

本书对应发动机线上装配20个工位及线外分装3个工位，以发动机装配工位技术技能为中心，把每个工位分解为若干个要素，由学生独立完成各工位每一个要素的工艺要求及注意事项，同时完成各工位质量检验要求和流程。

本书可作为职业院校汽车专业发动机课程的实操用书，也可作为面向企业职后人才的培训用书。

图书在版编目(CIP)数据

汽车发动机装配工艺学生工作页／许平，江帆编著. —北京：人民交通出版社股份有限公司，2017.5
ISBN 978-7-114-13823-2

Ⅰ.①汽… Ⅱ.①许… ②江… Ⅲ.①汽车—发动机—装配(机械)—工艺学 Ⅳ.①U464.06

中国版本图书馆 CIP 数据核字(2017)第 104275 号

书　　名：	汽车发动机装配工艺学生工作页
著 作 者：	许　平　江　帆
责任编辑：	夏　犇　时　旭
出版发行：	人民交通出版社股份有限公司
地　　址：	(100011)北京市朝阳区安定门外外馆斜街3号
网　　址：	http://www.ccpress.com.cn
销售电话：	(010)59757973
总 经 销：	人民交通出版社股份有限公司发行部
经　　销：	各地新华书店
印　　刷：	北京市密东印刷有限公司
开　　本：	787×1092　1/16
印　　张：	6
字　　数：	131 千
版　　次：	2017年5月　第1版
印　　次：	2019年8月　第2次印刷
书　　号：	ISBN 978-7-114-13823-2
定　　价：	15.00元

(有印刷、装订质量问题的图书由本公司负责调换)

前　言

汽车工业正在进行信息化、自动化的升级换代,汽车企业对人才的需求也正在从单纯的技术技能向技术技能与职业素养并举转变,因此,职业院校汽车制造装配培训必须升级换代。本书按照发动机装配"工艺纪律"编写,为职业院校教学设计一个实战的学习情境,引领学生完成职业岗位的典型工作任务,促进学生综合职业能力发展,使初学者养成严谨的工作态度,迅速成长为岗位能手。

本课程体系服务于企业的实际工作过程,能打通校企衔接,创立"企业—教师—学生—企业"学习链,以发动机装配工位技术技能为中心,融入岗位"人机料法环测"等要素,重点培养学生严谨的发动机装配工艺意识、规范标准化的操作和质量检验标准,强调工艺要求及注意事项,是专业技能与岗位素养相结合的综合平台的体现,为努力打造真实情境的发动机装配实训提供技术支撑。

本书由柳州市第一职业技术学校许平(线上20个工位)、江帆(线外3个分装工位)编著。在编著过程中得到了广西中等职业学校教学改革重点立项"基于生产线的汽车发动机装配实训课程改革实践与研究"项目资助(桂教职成〔2016〕26号)。同时也得到上汽通用五菱汽车公司、五菱(柳机)、荟萃五交化有限公司等企业的大力支持,在此一并表示衷心的感谢!

由于作者经验和水平有限,又是以全新的教程模式呈现给大家,难免有不妥之处,请各教学单位在积极选用和推广本书的同时,提出宝贵意见和建议。

作　者
2017年4月

目　　录

1. 缸体上线工位学生工作页 …………………………………………………………… 1
2. 装曲轴工位学生工作页 ……………………………………………………………… 4
3. 装活塞连杆工位学生工作页 ………………………………………………………… 8
4. 装缸盖工位学生工作页 ……………………………………………………………… 13
5. 装凸轮轴及摇臂工位学生工作页 …………………………………………………… 17
6. 装进排气双头螺柱、封水端盖、曲轴后端盖工位学生工作页 …………………… 22
7. 装水泵、机油泵工位学生工作页 …………………………………………………… 26
8. 装后罩壳、正时机构工位学生工作页 ……………………………………………… 29
9. 调气门间隙、装前罩壳工位学生工作页 …………………………………………… 34
10. 装集滤器、油底壳工位学生工作页 ………………………………………………… 38
11. 拧紧油底壳、装火花塞工位学生工作页 …………………………………………… 41
12. 装缸盖罩、机油压力报警器工位学生工作页 ……………………………………… 44
13. 装进水管、飞轮、滤清器工位学生工作页 ………………………………………… 47
14. 装主动皮带轮、发电机托架工位学生工作页 ……………………………………… 52
15. 装油位计导管、进气歧管工位学生工作页 ………………………………………… 55
16. 装爆震传感器、油位计、燃油导轨工位学生工作页 ……………………………… 58
17. 装排气歧管、氧传感器、排气歧管罩工位学生工作页 …………………………… 61
18. 装发电机、水泵皮带轮工位学生工作页 …………………………………………… 65
19. 装离合器、高压线工位学生工作页 ………………………………………………… 68
20. 装进气歧管支架、节流阀体、回水橡胶管、外观检查、发动机下线工位学生工作页 …… 71
21. 缸盖分装工位学生工作页 …………………………………………………………… 74
22. 活塞连杆分装工位学生工作页 ……………………………………………………… 78
23. 曲轴前、后油封压装(分装)工位学生工作页 …………………………………… 83

附录 ……………………………………………………………………………………… 87

参考文献 ………………………………………………………………………………… 89

1. 缸体上线工位学生工作页

班级		姓名	
产品名称	发动机	工序名称	
工位	缸体上线工位	工序号	
一、要素序号 1			
1. 要素序号 1 名称	吊装曲轴箱固定在装配托盘上		
2. 要素序号 1 工艺要求及注意事项			
二、要素序号 2			
1. 要素序号 2 名称	松主轴承盖螺栓		
2. 要素序号 2 工艺要求及注意事项			
三、要素序号 3			
1. 要素序号 3 名称	取曲轴		
2. 要素序号 3 工艺要求及注意事项			
四、要素序号 4			
1. 要素序号 4 名称	看曲轴主轴颈外径组别号		
2. 要素序号 4 工艺要求及注意事项			
五、要素序号 5			
1. 要素序号 5 名称	看主轴承孔内径组别号		
2. 要素序号 5 工艺要求及注意事项			
六、要素序号 6			
1. 要素序号 6 名称	选配主轴瓦		
2. 要素序号 6 工艺要求及注意事项			
七、要素序号 7			
1. 要素序号 7 名称	装主轴瓦并检查		
2. 要素序号 7 工艺要求及注意事项			
八、要素序号 8			
1. 要素序号 8 名称	在主轴瓦内表面涂机油		
2. 要素序号 8 工艺要求及注意事项			

工序检查表（用于装配过程检查确认）

要素序号	工序步骤名称	作业检查确认（OK/NOK）	装配信息记录（力矩、间隙、分组号等数据记录）	备注（异常及问题记录）
1	吊装曲轴箱固定在装配托盘上			
2	松主轴承盖螺栓			
3	取曲轴			
4	看曲轴主轴颈外径组别号			
5	看主轴承孔内径组别号			
6	选配主轴瓦			
7	装主轴瓦并检查			
8	在主轴瓦内表面涂机油			

注：作业检查确认内容——是否按工艺要求完成装配作业，特别是一些关键工艺及注意事项，需重点检查确认。

一分钟质量检查单

序号	检查内容	检查标准	检查方法		日期	日			日			日		
					班次	1	2	3	1	2	3	1	2	3
1	曲轴主轴颈外径组别号		目视 触摸 测试	○ ○ ○	首检									
					末检									
2	主轴承孔内径组别号		目视 触摸 测试	○ ○ ○	首检									
					末检									
3	选配主轴瓦		目视 触摸 测试	○ ○ ○	首检									
					末检									
	注：1.请把你所使用的检查方法圆圈标识涂黑； 2.检查结果为 OK 请打"√"，NOK 请打"×"； 3.每一班次本工位第一个（首检）及最后一个（末检）产品工作完成后，操作员停线一分钟按要求进行质量检查。				签名确认									

学生自我评价

自我评价内容：

学生姓名		自我评价时间	

2. 装曲轴工位学生工作页

班级		姓名	
产品名称	发动机	工序名称	
工位	装曲轴工位	工序号	
一、要素序号 1			
1. 要素序号 1 名称	装曲轴并检查		
2. 要素序号 1 工艺要求及注意事项			
二、要素序号 2			
1. 要素序号 2 名称	取零件和工具		
2. 要素序号 2 工艺要求及注意事项			
三、要素序号 3			
1. 要素序号 3 名称	装曲轴推力片并检查		
2. 要素序号 3 工艺要求及注意事项			
四、要素序号 4			
1. 要素序号 4 名称	测量曲轴轴向间隙		
2. 要素序号 4 工艺要求及注意事项			
五、要素序号 5			
1. 要素序号 5 名称	主轴颈上涂润滑油		
2. 要素序号 5 工艺要求及注意事项			
六、要素序号 6			
1. 要素序号 6 名称	装主轴承盖并检查		
2. 要素序号 6 工艺要求及注意事项			

续上表

七、要素序号7	
1.要素序号7名称	预紧主轴承盖螺栓
2.要素序号7工艺要求及注意事项	
八、要素序号8	
1.要素序号8名称	拧紧主轴承盖螺栓并检查
2.要素序号8工艺要求及注意事项	
九、要素序号9	
1.要素序号9名称	检查曲轴转动灵活性
2.要素序号9工艺要求及注意事项	
十、要素序号10	
1.要素序号10名称	自检合格,在曲轴箱底部画线标识,转动曲轴箱,放行托盘
2.要素序号10工艺要求及注意事项	

工序检查表(用于装配过程检查确认)

要素序号	工序步骤名称	作业检查确认（OK/NOK）	装配信息记录（力矩、间隙、分组号等数据记录）	备注（异常及问题记录）
1	装曲轴并检查			
2	取零件和工具			
3	装曲轴推力片并检查			
4	测量曲轴轴向间隙			
5	主轴颈上涂润滑油			
6	装主轴承盖并检查			
7	预紧主轴承盖螺栓			

续上表

要素序号	工序步骤名称	作业检查确认（OK/NOK）	装配信息记录（力矩、间隙、分组号等数据记录）	备注（异常及问题记录）
8	拧紧主轴承盖螺栓并检查			
9	检查曲轴转动灵活性			
10	自检合格,在曲轴箱底部画线标识,转动曲轴箱,放行托盘			

注:作业检查确认内容——是否按工艺要求完成装配作业,特别是一些关键工艺及注意事项,需重点检查确认。

一分钟质量检查单

序号	检查内容	检查标准	检查方法	日期	日			日		
				班次	1	2	3	1	2	3
1	曲轴轴向间隙		目视 ○ 触摸 ○ 测试 ○	首检						
				末检						
2	主轴承盖螺栓力矩		目视 ○ 触摸 ○ 测试 ○	首检						
				末检						

注:1.请把你所使用的检查方法圆圈标识涂黑;
2.检查结果为 OK 请打"√",NOK 请打"×";
3.每一班次本工位第一个(首检)及最后一个(末检)产品工作完成后,操作员停线一分钟按要求进行质量检查。

学生自我评价

自我评价内容：	

学生姓名		自我评价时间	

3. 装活塞连杆工位学生工作页

班级		姓名	
产品名称	发动机	工序名称	
工位	装活塞连杆工位	工序号	
一、要素序号1			
1. 要素序号1名称	取工装工具		
2. 要素序号1工艺要求及注意事项			
二、要素序号2			
1. 要素序号2名称	看连杆轴瓦无漏装/看活塞颜色标记与曲轴箱缸孔颜色标记一致（互检）		
2. 要素序号2工艺要求及注意事项			
三、要素序号3			
1. 要素序号3名称	1~4缸孔涂润滑油并检查		
2. 要素序号3工艺要求及注意事项			
四、要素序号4			
1. 要素序号4名称	按顺序摆放连杆盖		
2. 要素序号4工艺要求及注意事项			
五、要素序号5			
1. 要素序号5名称	检查活塞连杆总成（互检）		
2. 要素序号5工艺要求及注意事项			
六、要素序号6			
1. 要素序号6名称	1缸活塞连杆总成套导套并检查		
2. 要素序号6工艺要求及注意事项			

续上表

七、要素序号7	
1. 要素序号7名称	活塞连杆总成进1缸并检查
2. 要素序号7工艺要求及注意事项	
八、要素序号8	
1. 要素序号8名称	活塞连杆总成进4缸并检查
2. 要素序号8工艺要求及注意事项	
九、要素序号9	
1. 要素序号9名称	装1、4缸连杆盖并检查
2. 要素序号9工艺要求及注意事项	
十、要素序号10	
1. 要素序号10名称	预装1、4缸连杆盖螺母
2. 要素序号10工艺要求及注意事项	
十一、要素序号11	
1. 要素序号11名称	预紧1、4缸连杆螺母
2. 要素序号11工艺要求及注意事项	
十二、要素序号12	
1. 要素序号12名称	拧紧1、4缸连杆螺母
2. 要素序号12工艺要求及注意事项	
十三、要素序号13	
1. 要素序号13名称	检查1、4缸连杆大头侧隙
2. 要素序号13工艺要求及注意事项	

续上表

十四、要素序号 14	
1. 要素序号 14 名称	套入转曲轴工具并转曲轴
2. 要素序号 14 工艺要求及注意事项	
十五、要素序号 15	
1. 要素序号 15 名称	活塞连杆总成进 2、3 缸安装并检查
2. 要素序号 15 工艺要求及注意事项	
十六、要素序号 16	
1. 要素序号 16 名称	装 2、3 缸连杆盖并检查
2. 要素序号 16 工艺要求及注意事项	
十七、要素序号 17	
1. 要素序号 17 名称	检查 2、3 缸连杆大头侧隙
2. 要素序号 17 工艺要求及注意事项	
十八、要素序号 18	
1. 要素序号 18 名称	检查曲轴转矩
2. 要素序号 18 工艺要求及注意事项	

工序检查表(用于装配过程检查确认)

要素序号	工序步骤名称	作业检查确认(OK/NOK)	装配信息记录(力矩、间隙、分组号等数据记录)	备注(异常及问题记录)
1	取工装工具			
2	看连杆轴瓦无漏装/看活塞颜色标记与曲轴箱缸孔颜色标记一致(互检)			
3	1~4 缸孔涂润滑油并检查			

续上表

要素序号	工序步骤名称	作业检查确认（OK/NOK）	装配信息记录（力矩、间隙、分组号等数据记录）	备注（异常及问题记录）
4	按顺序摆放连杆盖			
5	检查活塞连杆总成（互检）			
6	1缸活塞连杆总成套导套并检查			
7	活塞连杆总成进1缸并检查			
8	活塞连杆总成进4缸并检查			
9	装1、4缸连杆盖并检查			
10	预装1、4缸连杆盖螺母			
11	预紧1、4缸连杆螺母			
12	拧紧1、4缸连杆螺母			
13	检查1、4缸连杆大头侧隙			
14	套入转曲轴工具并转曲轴			
15	活塞连杆总成进2、3缸安装并检查			
16	装2、3缸连杆盖并检查			
17	检查2、3缸连杆大头侧隙			
18	检查曲轴转矩			

注：作业检查确认内容——是否按工艺要求完成装配作业，特别是一些关键工艺及注意事项，需重点检查确认。

一分钟质量检查单

序号	检查内容	检查标准	检查方法		日期	日			日			日		
					班次	1	2	3	1	2	3	1	2	3
1	连杆轴瓦无漏装/活塞颜色标记与曲轴箱缸孔颜色标记一致		目视 触摸 测试	○ ○ ○	首检									
					末检									
2	活塞连杆总成		目视 触摸 测试	○ ○ ○	首检									
					末检									
3	曲轴转矩		目视 触摸 测试	○ ○ ○	首检									
					末检									
注:1. 请把你所使用的检查方法圆圈标识涂黑; 2. 检查结果为 OK 请打"√",NOK 请打"×"; 3. 每一班次本工位第一个(首检)及最后一个(末检)产品工作完成后,操作员停线一分钟按要求进行质量检查。					签名确认									

学生自我评价

自我评价内容:

学生姓名		自我评价时间	

4. 装缸盖工位学生工作页

班级		姓名	
产品名称	发动机	工序名称	
工位	装缸盖工位	工序号	
一、要素序号 1			
1. 要素序号 1 名称	取零件和工具		
2. 要素序号 1 工艺要求及注意事项			
二、要素序号 2			
1. 要素序号 2 名称	转动曲轴，使 1、4 缸活塞处于上止点		
2. 要素序号 2 工艺要求及注意事项			
三、要素序号 3			
1. 要素序号 3 名称	清洁曲轴箱顶面		
2. 要素序号 3 工艺要求及注意事项			
四、要素序号 4			
1. 要素序号 4 名称	装汽缸盖定位销并检查		
2. 要素序号 4 工艺要求及注意事项			
五、要素序号 5			
1. 要素序号 5 名称	装汽缸垫并检查		
2. 要素序号 5 工艺要求及注意事项			
六、要素序号 6			
1. 要素序号 6 名称	将汽缸盖总成搬至流水线		
2. 要素序号 6 工艺要求及注意事项			
七、要素序号 7			
1. 要素序号 7 名称	装汽缸盖总成		
2. 要素序号 7 工艺要求及注意事项			

续上表

八、要素序号 8	
1. 要素序号 8 名称	取工具和零件
2. 要素序号 8 工艺要求及注意事项	
九、要素序号 9	
1. 要素序号 9 名称	确认汽缸盖/汽缸垫无错装（自检）
2. 要素序号 9 工艺要求及注意事项	
十、要素序号 10	
1. 要素序号 10 名称	装汽缸盖螺栓
2. 要素序号 10 工艺要求及注意事项	
十一、要素序号 11	
1. 要素序号 11 名称	预紧汽缸盖连接螺栓并检查
2. 要素序号 11 工艺要求及注意事项	
十二、要素序号 12	
1. 要素序号 12 名称	拧紧汽缸盖连接螺栓并检查
2. 要素序号 12 工艺要求及注意事项	

工序检查表（用于装配过程检查确认）

要素序号	工序步骤名称	作业检查确认（OK/NOK）	装配信息记录（力矩、间隙、分组号等数据记录）	备注（异常及问题记录）
1	取零件和工具			
2	转动曲轴，使1、4缸活塞处于上止点			
3	清洁曲轴箱顶面			
4	装汽缸盖定位销并检查			
5	装汽缸垫并检查			

续上表

要素序号	工序步骤名称	作业检查确认（OK/NOK）	装配信息记录（力矩、间隙、分组号等数据记录）	备注（异常及问题记录）
6	将汽缸盖总成搬至流水线			
7	装汽缸盖总成			
8	取工具和零件			
9	确认汽缸盖/汽缸垫无错装（自检）			
10	装汽缸盖螺栓			
11	预紧汽缸盖连接螺栓并检查			
12	拧紧汽缸盖连接螺栓并检查			

注：作业检查确认内容——是否按工艺要求完成装配作业，特别是一些关键工艺及注意事项，需重点检查确认。

一分钟质量检查单

序号	检查内容	检查标准	检查方法		日期	日			日			日		
					班次	1	2	3	1	2	3	1	2	3
1	活塞连杆组（1、4缸）		目视 ○ 触摸 ○ 测试 ○	首检										
				末检										
2	汽缸垫		目视 ○ 触摸 ○ 测试 ○	首检										
				末检										
3	汽缸盖连接螺栓		目视 ○ 触摸 ○ 测试 ○	首检										
				末检										

注：1. 请把你所使用的检查方法圆圈标识涂黑；
2. 检查结果为OK请打"√"，NOK请打"×"；
3. 每一班次本工位第一个（首检）及最后一个（末检）产品工作完成后，操作员停线一分钟按要求进行质量检查。

签名确认

学生自我评价

自我评价内容：			
学生姓名		自我评价时间	

5.装凸轮轴及摇臂工位学生工作页

班级		姓名	
产品名称	发动机	工序名称	
工位	装凸轮轴及摇臂工位	工序号	
一、要素序号 1			
1.要素序号 1 名称	检查气门锥形锁块及气门弹簧座装配到位,无松脱(互检)		
2.要素序号 1 工艺要求及注意事项			
二、要素序号 2			
1.要素序号 2 名称	涂润滑油并检查		
2.要素序号 2 工艺要求及注意事项			
三、要素序号 3			
1.要素序号 3 名称	取凸轮轴和工具		
2.要素序号 3 工艺要求及注意事项			
四、要素序号 4			
1.要素序号 4 名称	装凸轮轴并检查		
2.要素序号 4 工艺要求及注意事项			
五、要素序号 5			
1.要素序号 5 名称	预装凸轮轴推力板并检查		
2.要素序号 5 工艺要求及注意事项			
六、要素序号 6			
1.要素序号 6 名称	拧紧凸轮轴推力板螺钉并检查		
2.要素序号 6 工艺要求及注意事项			

续上表

七、要素序号7	
1. 要素序号7名称	自检合格
2. 要素序号7工艺要求及注意事项	
八、要素序号8	
1. 要素序号8名称	装摇臂并检查
2. 要素序号8工艺要求及注意事项	
九、要素序号9	
1. 要素序号9名称	装摇臂轴并检查
2. 要素序号9工艺要求及注意事项	
十、要素序号10	
1. 要素序号10名称	预装摇臂轴螺钉
2. 要素序号10工艺要求及注意事项	
十一、要素序号11	
1. 要素序号11名称	拧紧摇臂轴螺钉并检查
2. 要素序号11工艺要求及注意事项	
十二、要素序号12	
1. 要素序号12名称	装凸轮轴后端盖（凸轮轴位置传感器座）
2. 要素序号12工艺要求及注意事项	
十三、要素序号13	
1. 要素序号13名称	装凸轮轴后端盖（凸轮轴位置传感器座）
2. 要素序号13工艺要求及注意事项	

续上表

十四、要素序号 14	
1. 要素序号 14 名称	预紧带肩螺栓并检查
2. 要素序号 14 工艺要求及注意事项	
十五、要素序号 15	
1. 要素序号 15 名称	拧紧带肩螺栓并检查
2. 要素序号 15 工艺要求及注意事项	
十六、要素序号 16	
1. 要素序号 16 名称	预装、拧紧螺栓并检查
2. 要素序号 16 工艺要求及注意事项	
十七、要素序号 17	
1. 要素序号 17 名称	取力矩扳手拧紧凸轮轴位置传感器座螺栓并画自检标识
2. 要素序号 17 工艺要求及注意事项	

工序检查表(用于装配过程检查确认)

要素序号	工序步骤名称	作业检查确认（OK/NOK）	装配信息记录（力矩、间隙、分组号等数据记录）	备注（异常及问题记录）
1	检查气门锥形锁块及气门弹簧座装配到位,无松脱(互检)			
2	涂润滑油并检查			
3	取凸轮轴和工具			
4	装凸轮轴并检查			
5	预装凸轮轴推力板并检查			

续上表

要素序号	工序步骤名称	作业检查确认（OK/NOK）	装配信息记录（力矩、间隙、分组号等数据记录）	备注（异常及问题记录）
6	拧紧凸轮轴推力板螺钉并检查			
7	自检合格			
8	装摇臂并检查			
9	装摇臂轴并检查			
10	预装摇臂轴螺钉			
11	拧紧摇臂轴螺钉并检查			
12	装凸轮轴后端盖（凸轮轴位置传感器座）			
13	装凸轮轴后端盖（凸轮轴位置传感器座）			
14	预紧带肩螺栓并检查			
15	拧紧带肩螺栓并检查			
16	预装、拧紧螺栓并检查			
17	取力矩扳手拧紧凸轮轴位置传感器座螺栓并画自检标识			
18	检查曲轴转矩			

注：作业检查确认内容——是否按工艺要求完成装配作业，特别是一些关键工艺及注意事项，需重点检查确认。

一分钟质量检查单

序号	检查内容	检查标准	检查方法		日期	日			日			日		
					班次	1	2	3	1	2	3	1	2	3
1	气门锥形锁块及气门弹簧座		目视 触摸 测试	○ ○ ○	首检									
					末检									
2	凸轮轴推力板		目视 触摸 测试	○ ○ ○	首检									
					末检									
3	摇臂轴		目视 触摸 测试	○ ○ ○	首检									
					末检									

注:1. 请把你所使用的检查方法圆圈标识涂黑;
2. 检查结果为 OK 请打"√",NOK 请打"×";
3. 每一班次本工位第一个(首检)及最后一个(末检)产品工作完成后,操作员停线一分钟按要求进行质量检查。

签名确认

学生自我评价

自我评价内容:

学生姓名		自我评价时间	

6. 装进排气双头螺柱、封水端盖、曲轴后端盖工位学生工作页

班级		姓名	
产品名称	发动机	工序名称	
工位	装进排气双头螺柱、封水端盖、曲轴后端盖工位	工序号	
一、要素序号 1			
1. 要素序号 1 名称	装后端盖定位套并检查		
2. 要素序号 1 工艺要求及注意事项			
二、要素序号 2			
1. 要素序号 2 名称	装后端盖密封垫并检查		
2. 要素序号 2 工艺要求及注意事项			
三、要素序号 3			
1. 要素序号 3 名称	使用后油封工具装曲轴后端盖		
2. 要素序号 3 工艺要求及注意事项			
四、要素序号 4			
1. 要素序号 4 名称	预紧螺栓		
2. 要素序号 4 工艺要求及注意事项			
五、要素序号 5			
1. 要素序号 5 名称	拧紧螺栓		
2. 要素序号 5 工艺要求及注意事项			
六、要素序号 6			
1. 要素序号 6 名称	做自检标识		
2. 要素序号 6 工艺要求及注意事项			
七、要素序号 7			
1. 要素序号 7 名称	取零件和工具		
2. 要素序号 7 工艺要求及注意事项			

续上表

八、要素序号 8	
1. 要素序号 8 名称	装封水端盖
2. 要素序号 8 工艺要求及注意事项	
九、要素序号 9	
1. 要素序号 9 名称	拧紧封水端盖螺栓
2. 要素序号 9 工艺要求及注意事项	
十、要素序号 10	
1. 要素序号 10 名称	做自检标识
2. 要素序号 10 工艺要求及注意事项	
十一、要素序号 11	
1. 要素序号 11 名称	预装进气歧管双头螺柱
2. 要素序号 11 工艺要求及注意事项	
十二、要素序号 12	
1. 要素序号 12 名称	拧紧进气歧管双头螺柱
2. 要素序号 12 工艺要求及注意事项	
十三、要素序号 13	
1. 要素序号 13 名称	旋转托盘
2. 要素序号 13 工艺要求及注意事项	
十四、要素序号 14	
1. 要素序号 14 名称	预紧排气歧管双头螺柱
2. 要素序号 14 工艺要求及注意事项	
十五、要素序号 15	
1. 要素序号 15 名称	拧紧排气歧管双头螺柱
2. 要素序号 15 工艺要求及注意事项	

工序检查表（用于装配过程检查确认）

要素序号	工序步骤名称	作业检查确认（OK/NOK）	装配信息记录（力矩、间隙、分组号等数据记录）	备注（异常及问题记录）
1	装后端盖定位套并检查			
2	装后端盖密封垫并检查			
3	使用后油封工具装曲轴后端盖			
4	预紧螺栓			
5	拧紧螺栓			
6	做自检标识			
7	取零件和工具			
8	装封水端盖			
9	拧紧封水端盖螺栓			
10	做自检标识			
11	预装进气歧管双头螺柱			
12	拧紧进气歧管双头螺柱			
13	旋转托盘			
14	预紧排气歧管双头螺柱			
15	拧紧排气歧管双头螺柱			

注：作业检查确认内容——是否按工艺要求完成装配作业，特别是一些关键工艺及注意事项，需重点检查确认。

一分钟质量检查单

序号	检查内容	检查标准	检查方法		日期	日			日			日		
					班次	1	2	3	1	2	3	1	2	3
1	后端盖定位		目视触摸测试	○○○	首检									
					末检									
2	后端盖密封		目视触摸测试	○○○	首检									
					末检									

续上表

序号	检查内容	检查标准	检查方法	日期	日			日			日		
				班次	1	2	3	1	2	3	1	2	3
3	自检标识		目视 ○ 触摸 ○ 测试 ○	首检									
				末检									
注:1.请把你所使用的检查方法圆圈标识涂黑; 2.检查结果为OK请打"√",NOK请打"×"; 3.每一班次本工位第一个(首检)及最后一个(末检)产品工作完成后,操作员停线一分钟按要求进行质量检查。				签名确认									

学生自我评价

自我评价内容:			
学生姓名		自我评价时间	

7. 装水泵、机油泵工位学生工作页

班级		姓名	
产品名称	发动机	工序名称	
工位	装水泵、机油泵工位	工序号	
一、要素序号 1			
1. 要素序号 1 名称	拧紧双头螺柱并检查		
2. 要素序号 1 工艺要求及注意事项			
二、要素序号 2			
1. 要素序号 2 名称	装水泵密封垫		
2. 要素序号 2 工艺要求及注意事项			
三、要素序号 3			
1. 要素序号 3 名称	取水泵总成并检查		
2. 要素序号 3 工艺要求及注意事项			
四、要素序号 4			
1. 要素序号 4 名称	预装水泵		
2. 要素序号 4 工艺要求及注意事项			
五、要素序号 5			
1. 要素序号 5 名称	预装水泵螺栓及螺母		
2. 要素序号 5 工艺要求及注意事项			
六、要素序号 6			
1. 要素序号 6 名称	拧紧水泵总成螺栓并画自检标识		
2. 要素序号 6 工艺要求及注意事项			
七、要素序号 7			
1. 要素序号 7 名称	装机油泵定位销		
2. 要素序号 7 工艺要求及注意事项			

续上表

八、要素序号8	
1.要素序号8名称	装机油泵并检查
2.要素序号8工艺要求及注意事项	
九、要素序号9	
1.要素序号9名称	预紧机油泵和水泵总成螺栓并检查
2.要素序号9工艺要求及注意事项	
十、要素序号10	
1.要素序号10名称	拧紧机油泵螺栓
2.要素序号10工艺要求及注意事项	

工序检查表(用于装配过程检查确认)

要素序号	工序步骤名称	作业检查确认（OK/NOK）	装配信息记录（力矩、间隙、分组号等数据记录）	备注（异常及问题记录）
1	拧紧双头螺柱并检查			
2	装水泵密封垫			
3	取水泵总成并检查			
4	预装水泵			
5	预装水泵螺栓及螺母			
6	拧紧水泵总成螺栓并画自检标识			
7	装机油泵定位销			
8	装机油泵并检查			
9	预紧机油泵和水泵螺栓并检查			
10	拧紧机油泵螺栓			

注:作业检查确认内容——是否按工艺要求完成装配作业,特别是一些关键工艺及注意事项,需重点检查确认。

一分钟质量检查单

序号	检查内容	检查标准	检查方法		日期	日			日			日		
					班次	1	2	3	1	2	3	1	2	3
1	水泵密封		目视 触摸 测试	○ ○ ○	首检									
					末检									
2	机油泵和水泵螺栓		目视 触摸 测试	○ ○ ○	首检									
					末检									
3	自检标识		目视 触摸 测试	○ ○ ○	首检									
					末检									
注:1. 请把你所使用的检查方法圆圈标识涂黑; 2. 检查结果为OK请打"√",NOK请打"×"; 3. 每一班次本工位第一个(首检)及最后一个(末检)产品工作完成后,操作员停线一分钟按要求进行质量检查。					签名确认									

学生自我评价

自我评价内容:

学生姓名		自我评价时间	

8. 装后罩壳、正时机构工位学生工作页

班级		姓名	
产品名称	发动机	工序名称	
工位	装后罩壳、正时机构工位	工序号	
一、要素序号1			
1. 要素序号1名称	将后罩壳装到专用料车送至总装线装后罩壳工位		
2. 要素序号1 工艺要求及注意事项			
二、要素序号2			
1. 要素序号2名称	涂厌氧胶、装半圆键		
2. 要素序号2 工艺要求及注意事项			
三、要素序号3			
1. 要素序号3名称	装海绵胶垫、海绵胶垫圈并检查		
2. 要素序号3 工艺要求及注意事项			
四、要素序号4			
1. 要素序号4名称	安装后罩壳		
2. 要素序号4 工艺要求及注意事项			
五、要素序号5			
1. 要素序号5名称	安装后罩壳螺栓		
2. 要素序号5 工艺要求及注意事项			
六、要素序号6			
1. 要素序号6名称	拧紧后罩壳螺栓并检查		
2. 要素序号6 工艺要求及注意事项			
七、要素序号7			
1. 要素序号7名称	做标识		
2. 要素序号7 工艺要求及注意事项			

续上表

八、要素序号8	
1.要素序号8名称	安装正时皮带轮及其螺栓并检查
2.要素序号8工艺要求及注意事项	
九、要素序号9	
1.要素序号9名称	预紧凸轮轴正时皮带轮螺栓
2.要素序号9工艺要求及注意事项	
十、要素序号10	
1.要素序号10名称	拧紧凸轮轴正时皮带轮螺栓并检查,做自检标识
2.要素序号10工艺要求及注意事项	
十一、要素序号11	
1.要素序号11名称	安装曲轴正时齿轮
2.要素序号11工艺要求及注意事项	
十二、要素序号12	
1.要素序号12名称	张紧轮螺钉的组合装配
2.要素序号12工艺要求及注意事项	
十三、要素序号13	
1.要素序号13名称	取正时皮带
2.要素序号13工艺要求及注意事项	
十四、要素序号14	
1.要素序号14名称	装正时皮带并检查,装张紧轮,涂胶
2.要素序号14工艺要求及注意事项	
十五、要素序号15	
1.要素序号15名称	张紧正时皮带并检查
2.要素序号15工艺要求及注意事项	

续上表

十六、要素序号 16	
1. 要素序号 16 名称	预紧螺栓
2. 要素序号 16 工艺要求及注意事项	
十七、要素序号 17	
1. 要素序号 17 名称	拧紧带肩螺栓并检查
2. 要素序号 17 工艺要求及注意事项	
十八、要素序号 18	
1. 要素序号 18 名称	检查标记,放行托盘
2. 要素序号 18 工艺要求及注意事项	

工序检查表(用于装配过程检查确认)

要素序号	工序步骤名称	作业检查确认（OK/NOK）	装配信息记录（力矩、间隙、分组号等数据记录）	备注（异常及问题记录）
1	将后罩壳装到专用料车送至总装线装后罩壳工位			
2	涂厌氧胶、装半圆键			
3	装海绵胶垫、海绵胶垫圈并检查			
4	安装后罩壳			
5	安装后罩壳螺栓			
6	拧紧后罩壳螺栓并检查			
7	做标识			
8	安装正时皮带轮及其螺栓并检查			
9	预紧凸轮轴正时皮带轮螺栓			
10	拧紧凸轮轴正时皮带轮螺栓并检查,做自检标识			

续上表

要素序号	工序步骤名称	作业检查确认（OK/NOK）	装配信息记录（力矩、间隙、分组号等数据记录）	备注（异常及问题记录）
11	安装曲轴正时齿轮			
12	张紧轮螺钉的组合装配			
13	取正时皮带			
14	装正时皮带并检查,装张紧轮,涂胶			
15	张紧正时皮带并检查			
16	预紧螺栓			
17	拧紧带肩螺栓并检查			
18	检查标记,放行托盘			

注:作业检查确认内容——是否按工艺要求完成装配作业,特别是一些关键工艺及注意事项,需重点检查确认。

一分钟质量检查单

序号	检查内容	检查标准	检查方法	日期	日			日			日		
				班次	1	2	3	1	2	3	1	2	3
1	正时皮带并检查,装张紧轮		目视触摸测试 ○ ○ ○	首检									
				末检									
2	正时记号		目视触摸测试 ○ ○ ○	首检									
				末检									
注:1.请把你所使用的检查方法圆圈标识涂黑; 2.检查结果为 OK 请打"√",NOK 请打"×"; 3.每一班次本工位第一个(首检)及最后一个(末检)产品工作完成后,操作员停线一分钟按要求进行质量检查。				签名确认									

学生自我评价

自我评价内容：

学生姓名		自我评价时间	

9. 调气门间隙、装前罩壳工位学生工作页

班级		姓名	
产品名称	发动机	工序名称	
工位	调气门间隙、装前罩壳工位	工序号	
一、要素序号1			
1. 要素序号1名称	取工具		
2. 要素序号1 工艺要求及注意事项			
二、要素序号2			
1. 要素序号2名称	拧入摇臂调整螺钉并检查		
2. 要素序号2 工艺要求及注意事项			
三、要素序号3			
1. 要素序号3名称	拧紧调整螺母并检查		
2. 要素序号3 工艺要求及注意事项			
四、要素序号4			
1. 要素序号4名称	拧入摇臂调整螺钉并检查		
2. 要素序号4 工艺要求及注意事项			
五、要素序号5			
1. 要素序号5名称	拧紧调整螺母并检查		
2. 要素序号5 工艺要求及注意事项			
六、要素序号6			
1. 要素序号6名称	拧入摇臂调整螺钉并检查		
2. 要素序号6 工艺要求及注意事项			
七、要素序号7			
1. 要素序号7名称	拧紧调整螺母并检查		
2. 要素序号7 工艺要求及注意事项			

续上表

八、要素序号 8	
1. 要素序号 8 名称	拧紧调整螺母并检查
2. 要素序号 8 工艺要求及注意事项	
九、要素序号 9	
1. 要素序号 9 名称	取零件和工具
2. 要素序号 9 工艺要求及注意事项	
十、要素序号 10	
1. 要素序号 10 名称	取前罩壳并检查
2. 要素序号 10 工艺要求及注意事项	
十一、要素序号 11	
1. 要素序号 11 名称	装支承片、管夹,预紧带肩螺栓并检查
2. 要素序号 11 工艺要求及注意事项	
十二、要素序号 12	
1. 要素序号 12 名称	拧紧前罩壳螺栓并检查
2. 要素序号 12 工艺要求及注意事项	

工序检查表(用于装配过程检查确认)

要素序号	工序步骤名称	作业检查确认(OK/NOK)	装配信息记录(力矩、间隙、分组号等数据记录)	备注(异常及问题记录)
1	取工具			
2	拧入摇臂调整螺钉并检查			
3	拧紧调整螺母并检查			

续上表

要素序号	工序步骤名称	作业检查确认（OK/NOK）	装配信息记录（力矩、间隙、分组号等数据记录）	备注（异常及问题记录）
4	拧入摇臂调整螺钉并检查			
5	拧紧调整螺母并检查			
6	拧入摇臂调整螺钉并检查			
7	拧紧调整螺母并检查			
8	拧紧调整螺母并检查			
9	取零件和工具			
10	取前罩壳并检查			
11	装支承片、管夹,预紧带肩螺栓并检查			
12	拧紧前罩壳螺栓并检查			

注:作业检查确认内容——是否按工艺要求完成装配作业,特别是一些关键工艺及注意事项,需重点检查确认。

一分钟质量检查单

序号	检查内容	检查标准	检查方法	日期	日			日			日		
				班次	1	2	3	1	2	3	1	2	3
1	摇臂调整		目视 ○ 触摸 ○ 测试 ○	首检									
				末检									
注:1. 请把你所使用的检查方法圆圈标识涂黑; 2. 检查结果为 OK 请打"√",NOK 请打"×"; 3. 每一班次本工位第一个(首检)及最后一个(末检)产品工作完成后,操作员停线一分钟按要求进行质量检查。				签名确认									

学生自我评价

自我评价内容：			
学生姓名		自我评价时间	

10. 装集滤器、油底壳工位学生工作页

班级		姓名	
产品名称	发动机	工序名称	
工位	装集滤器、油底壳工位	工序号	
一、要素序号 1			
1. 要素序号 1 名称	转动曲轴箱使机油泵朝向工作者		
2. 要素序号 1 工艺要求及注意事项			
二、要素序号 2			
1. 要素序号 2 名称	装机油集滤器 O 形密封圈		
2. 要素序号 2 工艺要求及注意事项			
三、要素序号 3			
1. 要素序号 3 名称	预装集滤器		
2. 要素序号 3 工艺要求及注意事项			
四、要素序号 4			
1. 要素序号 4 名称	拧紧集滤器并自检		
2. 要素序号 4 工艺要求及注意事项			
五、要素序号 5			
1. 要素序号 5 名称	在曲轴箱安装面涂密封胶		
2. 要素序号 5 工艺要求及注意事项			
六、要素序号 6			
1. 要素序号 6 名称	装油底壳密封垫		
2. 要素序号 6 工艺要求及注意事项			
七、要素序号 7			
1. 要素序号 7 名称	取油底壳并检查		
2. 要素序号 7 工艺要求及注意事项			

续上表

八、要素序号 8	
1. 要素序号 8 名称	预装油底壳
2. 要素序号 8 工艺要求及注意事项	
九、要素序号 9	
1. 要素序号 9 名称	预装油底壳螺栓
2. 要素序号 9 工艺要求及注意事项	
十、要素序号 10	
1. 要素序号 10 名称	取下定位销并预装 4 个螺栓
2. 要素序号 10 工艺要求及注意事项	

工序检查表（用于装配过程检查确认）

要素序号	工序步骤名称	作业检查确认（OK/NOK）	装配信息记录（力矩、间隙、分组号等数据记录）	备注（异常及问题记录）
1	转动曲轴箱使机油泵朝向工作者			
2	装机油集滤器 O 形密封圈			
3	预装集滤器			
4	拧紧集滤器并自检			
5	在曲轴箱安装面涂密封胶			
6	装油底壳密封垫			
7	取油底壳并检查			
8	预装油底壳			
9	预装油底壳螺栓			
10	取下定位销并预装 4 个螺栓			

注：作业检查确认内容——是否按工艺要求完成装配作业，特别是一些关键工艺及注意事项，需重点检查确认。

一分钟质量检查单

序号	检查内容	检查标准	检查方法		日期	日			日			日		
					班次	1	2	3	1	2	3	1	2	3
1	机油集滤器O形密封圈		目视 触摸 测试	○ ○ ○	首检									
					末检									
	注:1. 请把你所使用的检查方法圆圈标识涂黑; 2. 检查结果为OK请打"√",NOK请打"×"; 3. 每一班次本工位第一个(首检)及最后一个(末检)产品工作完成后,操作员停线一分钟按要求进行质量检查。				签名确认									

学生自我评价

自我评价内容:			
学生姓名		自我评价时间	

11. 拧紧油底壳、装火花塞工位学生工作页

班级			姓名	
产品名称	发动机		工序名称	
工位	拧紧油底壳、装火花塞工位		工序号	
一、要素序号 1				
1. 要素序号 1 名称	检查油底壳密封垫无漏装（互检）			
2. 要素序号 1 工艺要求及注意事项				
二、要素序号 2				
1. 要素序号 2 名称	取工具			
2. 要素序号 2 工艺要求及注意事项				
三、要素序号 3				
1. 要素序号 3 名称	预拧紧螺栓并检查			
2. 要素序号 3 工艺要求及注意事项				
四、要素序号 4				
1. 要素序号 4 名称	拧紧油底壳螺栓并检查			
2. 要素序号 4 工艺要求及注意事项				
五、要素序号 5				
1. 要素序号 5 名称	画自检标识			
2. 要素序号 5 工艺要求及注意事项				
六、要素序号 6				
1. 要素序号 6 名称	取零件和工具			
2. 要素序号 6 工艺要求及注意事项				
七、要素序号 7				
1. 要素序号 7 名称	预装火花塞			
2. 要素序号 7 工艺要求及注意事项				
八、要素序号 8				
1. 要素序号 8 名称	拧紧火花塞并检查			
2. 要素序号 8 工艺要求及注意事项				

工序检查表（用于装配过程检查确认）

要素序号	工序步骤名称	作业检查确认（OK/NOK）	装配信息记录（力矩、间隙、分组号等数据记录）	备注（异常及问题记录）
1	检查油底壳密封垫无漏装（互检）			
2	取工具			
3	预拧紧螺栓并检查			
4	拧紧油底壳螺栓并检查			
5	画自检标识			
6	取零件和工具			
7	预装火花塞			
8	拧紧火花塞并检查			

注：作业检查确认内容——是否按工艺要求完成装配作业，特别是一些关键工艺及注意事项，需重点检查确认。

一分钟质量检查单

序号	检查内容	检查标准	检查方法		日期	日			日			日		
					班次	1	2	3	1	2	3	1	2	3
1	检查油底壳密封垫	无漏装 按照要求装配	目视 触摸 测试	○○○	首检									
					末检									
2	拧紧油底壳螺栓	按照要求装配 达到标准力矩	目视 触摸 测试	○○○	首检									
					末检									
3	拧紧火花塞	按照要求装配 力矩符合要求	目视 触摸 测试	○○○	首检									
					末检									
注：1.请把你所使用的检查方法圆圈标识涂黑；2.检查结果为OK请打"√"，NOK请打"×"；3.每一班次本工位第一个（首检）及最后一个（末检）产品工作完成后，操作员停线一分钟按要求进行质量检查。					签名确认									

学生自我评价

自我评价内容：

学生姓名		自我评价时间	

12. 装缸盖罩、机油压力报警器工位学生工作页

班级		姓名	
产品名称	发动机	工序名称	
工位	装缸盖罩、机油压力报警器工位	工序号	
一、要素序号1			
1. 要素序号1名称	取汽缸盖罩螺栓和垫圈并检查		
2. 要素序号1工艺要求及注意事项			
二、要素序号2			
1. 要素序号2名称	取缸盖罩组件		
2. 要素序号2工艺要求及注意事项			
三、要素序号3			
1. 要素序号3名称	检查无漏调气门间隙（互检）		
2. 要素序号3工艺要求及注意事项			
四、要素序号4			
1. 要素序号4名称	预装汽缸盖罩并检查		
2. 要素序号4工艺要求及注意事项			
五、要素序号5			
1. 要素序号5名称	拧紧螺栓并检查		
2. 要素序号5工艺要求及注意事项			
六、要素序号6			
1. 要素序号6名称	检查汽缸盖罩螺栓无漏拧紧并做自检标识		
2. 要素序号6工艺要求及注意事项			
七、要素序号7			
1. 要素序号7名称	取机油压力报警器并检查		
2. 要素序号7工艺要求及注意事项			

续上表

八、要素序号8	
1. 要素序号8名称	涂厌氧胶
2. 要素序号8工艺要求及注意事项	
九、要素序号9	
1. 要素序号9名称	预装并拧紧机油压力报警器
2. 要素序号9工艺要求及注意事项	
十、要素序号10	
1. 要素序号10名称	自检并画标识
2. 要素序号10工艺要求及注意事项	

工序检查表（用于装配过程检查确认）

要素序号	工序步骤名称	作业检查确认（OK/NOK）	装配信息记录（力矩、间隙、分组号等数据记录）	备注（异常及问题记录）
1	取汽缸盖罩螺栓和垫圈并检查			
2	取缸盖罩组件			
3	检查无漏调气门间隙（互检）			
4	预装汽缸盖罩并检查			
5	拧紧螺栓并检查			
6	检查汽缸盖罩螺栓无漏拧紧并做自检标识			
7	取机油压力报警器并检查			
8	涂厌氧胶			
9	预装并拧紧机油压力报警器			
10	自检并画标识			

注：作业检查确认内容——是否按工艺要求完成装配作业，特别是一些关键工艺及注意事项，需重点检查确认。

一分钟质量检查单

序号	检查内容	检查标准	检查方法		日期	日			日			日		
					班次	1	2	3	1	2	3	1	2	3
1	气门间隙		目视 触摸 测试	○ ○ ○	首检									
					末检									
2	汽缸盖罩螺栓		目视 触摸 测试	○ ○ ○	首检									
					末检									
注:1. 请把你所使用的检查方法圆圈标识涂黑; 2. 检查结果为 OK 请打"√", NOK 请打"×"; 3. 每一班次本工位第一个(首检)及最后一个(末检)产品工作完成后,操作员停线一分钟按要求进行质量检查。					签名 确认									

学生自我评价

自我评价内容:

学生姓名		自我评价时间	

13. 装进水管、飞轮、滤清器工位学生工作页

班级		姓名	
产品名称	发动机	工序名称	
工位	装进水管、飞轮、滤清器工位	工序号	
一、要素序号1			
1. 要素序号1名称	取进水管组件		
2. 要素序号1工艺要求及注意事项			
二、要素序号2			
1. 要素序号2名称	取零件		
2. 要素序号2工艺要求及注意事项			
三、要素序号3			
1. 要素序号3名称	预紧进水管总成		
2. 要素序号3工艺要求及注意事项			
四、要素序号4			
1. 要素序号4名称	拧紧进水管总螺栓并画自检标识		
2. 要素序号4工艺要求及注意事项			
五、要素序号5			
1. 要素序号5名称	检查曲轴后端盖紧固螺栓无漏拧紧并做互检标识(互检)		
2. 要素序号5工艺要求及注意事项			
六、要素序号6			
1. 要素序号6名称	装飞轮定位销并检查		
2. 要素序号6工艺要求及注意事项			

续上表

七、要素序号 7	
1. 要素序号 7 名称	装飞轮并检查
2. 要素序号 7 工艺要求及注意事项	
八、要素序号 8	
1. 要素序号 8 名称	预装螺栓并检查
2. 要素序号 8 工艺要求及注意事项	
九、要素序号 9	
1. 要素序号 9 名称	预紧螺栓
2. 要素序号 9 工艺要求及注意事项	
十、要素序号 10	
1. 要素序号 10 名称	拧紧螺栓并检查
2. 要素序号 10 工艺要求及注意事项	
十一、要素序号 11	
1. 要素序号 11 名称	取零件和工具
2. 要素序号 11 工艺要求及注意事项	
十二、要素序号 12	
1. 要素序号 12 名称	装连接管并检查
2. 要素序号 12 工艺要求及注意事项	
十三、要素序号 13	
1. 要素序号 13 名称	取气动定扭扳手拧紧连接管并检查
2. 要素序号 13 工艺要求及注意事项	
十四、要素序号 14	
1. 要素序号 14 名称	画自检标识
2. 要素序号 14 工艺要求及注意事项	

续上表

十五、要素序号 15	
1.要素序号 15 名称	预紧机油滤清器并检查
2.要素序号 15 工艺要求及注意事项	
十六、要素序号 16	
1.要素序号 16 名称	拧紧机油滤清器并画自检标识
2.要素序号 16 工艺要求及注意事项	

工序检查表（用于装配过程检查确认）

要素序号	工序步骤名称	作业检查确认（OK/NOK）	装配信息记录（力矩、间隙、分组号等数据记录）	备注（异常及问题记录）
1	取进水管组件			
2	取零件			
3	预紧进水管总成			
4	拧紧进水管总螺栓并画自检标识			
5	检查曲轴后端盖紧固螺栓无漏拧紧并做互检标识（互检）			
6	装飞轮定位销并检查			
7	装飞轮并检查			
8	预装螺栓并检查			
9	预紧螺栓			
10	拧紧螺栓并检查			
11	取零件和工具			

续上表

要素序号	工序步骤名称	作业检查确认（OK/NOK）	装配信息记录（力矩、间隙、分组号等数据记录）	备注（异常及问题记录）
12	装连接管并检查			
13	取气动定扭扳手拧紧连接管并检查			
14	画自检标识			
15	预紧机油滤清器并检查			
16	拧紧机油滤清器并画自检标识			

注：作业检查确认内容——是否按工艺要求完成装配作业，特别是一些关键工艺及注意事项，需重点检查确认。

一分钟质量检查单

序号	检查内容	检查标准	检查方法	日期	日			日			日		
				班次	1	2	3	1	2	3	1	2	3
1	曲轴后端盖紧固螺栓		目视 ○ 触摸 ○ 测试 ○	首检									
				末检									
2	机油滤清器		目视 ○ 触摸 ○ 测试 ○	首检									
				末检									
注：1.请把你所使用的检查方法圆圈标识涂黑； 2.检查结果为 OK 请打"√"，NOK 请打"×"； 3.每一班次本工位第一个（首检）及最后一个（末检）产品工作完成后，操作员停线一分钟按要求进行质量检查。				签名确认									

学生自我评价

自我评价内容：			
学生姓名		自我评价时间	

14. 装主动皮带轮、发电机托架工位学生工作页

班级			姓名	
产品名称	发动机		工序名称	
工位	装主动皮带轮、发电机托架工位		工序号	
一、要素序号 1				
1. 要素序号 1 名称	取主动皮带轮和螺栓			
2. 要素序号 1 工艺要求及注意事项				
二、要素序号 2				
1. 要素序号 2 名称	预装主动皮带轮螺栓			
2. 要素序号 2 工艺要求及注意事项				
三、要素序号 3				
1. 要素序号 3 名称	预紧主动皮带轮螺栓			
2. 要素序号 3 工艺要求及注意事项				
四、要素序号 4				
1. 要素序号 4 名称	拧紧螺栓并检查			
2. 要素序号 4 工艺要求及注意事项				
五、要素序号 5				
1. 要素序号 5 名称	取零件和工具			
2. 要素序号 5 工艺要求及注意事项				
六、要素序号 6				
1. 要素序号 6 名称	预装发电机托架			
2. 要素序号 6 工艺要求及注意事项				
七、要素序号 7				
1. 要素序号 7 名称	拧紧发电机托架并检查			
2. 要素序号 7 工艺要求及注意事项				

工序检查表(用于装配过程检查确认)

要素序号	工序步骤名称	作业检查确认（OK/NOK）	装配信息记录（力矩、间隙、分组号等数据记录）	备注（异常及问题记录）
1	取主动皮带轮和螺栓			
2	预装主动皮带轮螺栓			
3	预紧主动皮带轮螺栓			
4	拧紧螺栓并检查			
5	取零件和工具			
6	预装发电机托架			
7	拧紧发电机托架并检查			

注:作业检查确认内容——是否按工艺要求完成装配作业,特别是一些关键工艺及注意事项,需重点检查确认。

一分钟质量检查单

序号	检查内容	检查标准	检查方法	日期	日			日			日		
				班次	1	2	3	1	2	3	1	2	3
1	主动皮带轮和螺栓		目视 ○ 触摸 ○ 测试 ○	首检									
				末检									
2	发电机托架		目视 ○ 触摸 ○ 测试 ○	首检									
				末检									
注:1. 请把你所使用的检查方法圆圈标识涂黑; 2. 检查结果为OK请打"√",NOK请打"×"; 3. 每一班次本工位第一个(首检)及最后一个(末检)产品工作完成后,操作员停线一分钟按要求进行质量检查。				签名确认									

学生自我评价

自我评价内容：

学生姓名		自我评价时间	

15. 装油位计导管、进气歧管工位学生工作页

班级			姓名	
产品名称	发动机		工序名称	
工位	装油位计导管、进气歧管工位		工序号	
一、要素序号 1				
1. 要素序号 1 名称	装油位计导管并检查			
2. 要素序号 1 工艺要求及注意事项				
二、要素序号 2				
1. 要素序号 2 名称	拧紧左悬架螺栓并检查			
2. 要素序号 2 工艺要求及注意事项				
三、要素序号 3				
1. 要素序号 3 名称	预装左悬架			
2. 要素序号 3 工艺要求及注意事项				
四、要素序号 4				
1. 要素序号 4 名称	装进气歧管垫片			
2. 要素序号 4 工艺要求及注意事项				
五、要素序号 5				
1 要素序号 5 名称	预装进气歧管			
2. 要素序号 5 工艺要求及注意事项				
六、要素序号 6				
1. 要素序号 6 名称	拧紧进气歧管螺栓并检查			
2. 要素序号 6 工艺要求及注意事项				
七、要素序号 7				
1. 要素序号 7 名称	预装 1 缸进气歧管螺母			
2. 要素序号 7 工艺要求及注意事项				

续上表

八、要素序号 8	
1. 要素序号 8 名称	预装 3 个进气歧管螺母
2. 要素序号 8 工艺要求及注意事项	
九、要素序号 9	
1. 要素序号 9 名称	拧紧 3、4 缸螺母并检查
2. 要素序号 9 工艺要求及注意事项	
十、要素序号 10	
1. 要素序号 10 名称	拧紧 1、2 缸进气歧管螺母
2. 要素序号 10 工艺要求及注意事项	

工序检查表（用于装配过程检查确认）

要素序号	工序步骤名称	作业检查确认（OK/NOK）	装配信息记录（力矩、间隙、分组号等数据记录）	备注（异常及问题记录）
1	装油位计导管并检查			
2	预装左悬架			
3	拧紧左悬架			
4	装进气歧管垫片			
5	预装进气歧管			
6	拧紧进气歧管螺栓并检查			
7	预装 1 缸进气歧管螺母			
8	预装 3 个进气歧管螺母			
9	拧紧 3、4 缸螺母并检查			
10	拧紧 1、2 缸进气歧管螺母			

注：作业检查确认内容——是否按工艺要求完成装配作业，特别是一些关键工艺及注意事项，需重点检查确认。

一分钟质量检查单

序号	检查内容	检查标准	检查方法		日期	日			日			日		
					班次	1	2	3	1	2	3	1	2	3
1	进气歧管垫片		目视 触摸 测试	○ ○ ○	首检									
					末检									
2	进气歧管螺栓		目视 触摸 测试	○ ○ ○	首检									
					末检									
注:1. 请把你所使用的检查方法圆圈标识涂黑; 2. 检查结果为 OK 请打"√",NOK 请打"×"; 3. 每一班次本工位第一个(首检)及最后一个(末检)产品工作完成后,操作员停线一分钟按要求进行质量检查。					签名 确认									

学生自我评价

自我评价内容:

学生姓名		自我评价时间	

16. 装爆震传感器、油位计、燃油导轨工位学生工作页

班级		姓名	
产品名称	发动机	工序名称	
工位	装爆震传感器、油位计、燃油导轨工位	工序号	
一、要素序号 1			
1. 要素序号 1 名称	装爆震传感器		
2. 要素序号 1 工艺要求及注意事项			
二、要素序号 2			
1. 要素序号 2 名称	装油标尺总成		
2. 要素序号 2 工艺要求及注意事项			
三、要素序号 3			
1. 要素序号 3 名称	装曲轴箱通气管 I		
2. 要素序号 3 工艺要求及注意事项			
四、要素序号 4			
1. 要素序号 4 名称	取燃油导轨并检查		
2. 要素序号 4 工艺要求及注意事项			
五、要素序号 5			
1. 要素序号 5 名称	在喷油器的 O 形密封圈上涂润滑油		
2. 要素序号 5 工艺要求及注意事项			
六、要素序号 6			
1. 要素序号 6 名称	装燃油导轨并检查		
2. 要素序号 6 工艺要求及注意事项			

续上表

七、要素序号7	
1.要素序号7名称	拧紧燃油导轨总成螺栓并检查
2.要素序号7工艺要求及注意事项	
八、要素序号8	
1.要素序号8名称	自检并做标识
2.要素序号8工艺要求及注意事项	

工序检查表(用于装配过程检查确认)

要素序号	工序步骤名称	作业检查确认（OK/NOK）	装配信息记录（力矩、间隙、分组号等数据记录）	备注（异常及问题记录）
1	装爆震传感器			
2	装油标尺总成			
3	装曲轴箱通气管Ⅰ			
4	取燃油导轨并检查			
5	在喷油器的O形密封圈上涂润滑油			
6	装燃油导轨并检查			
7	拧紧燃油导轨总成螺栓并检查			
8	自检并做标识			

注:作业检查确认内容——是否按工艺要求完成装配作业,特别是一些关键工艺及注意事项,需重点检查确认。

一分钟质量检查单

序号	检查内容	检查标准	检查方法		日期	日			日			日		
					班次	1	2	3	1	2	3	1	2	3
1	喷油器的O形密封圈		目视 触摸 测试	○ ○ ○	首检									
					末检									
2	燃油导轨总成		目视 触摸 测试	○ ○ ○	首检									
					末检									
3	标识		目视 触摸 测试	○ ○ ○	首检									
					末检									
注:1.请把你所使用的检查方法圆圈标识涂黑; 2.检查结果为OK请打"√",NOK请打"×"; 3.每一班次本工位第一个(首检)及最后一个(末检)产品工作完成后,操作员停线一分钟按要求进行质量检查。					签名确认									

学生自我评价

自我评价内容:

学生姓名		自我评价时间	

17. 装排气歧管、氧传感器、排气歧管罩工位学生工作页

班级		姓名	
产品名称	发动机	工序名称	
工位	装排气歧管、氧传感器、排气歧管罩工位	工序号	
一、要素序号 1			
1. 要素序号 1 名称	拧紧 2 个双头螺柱		
2. 要素序号 1 工艺要求及注意事项			
二、要素序号 2			
1. 要素序号 2 名称	预装排气歧管隔热垫总成		
2. 要素序号 2 工艺要求及注意事项			
三、要素序号 3			
1. 要素序号 3 名称	取排气歧管总成		
2. 要素序号 3 工艺要求及注意事项			
四、要素序号 4			
1. 要素序号 4 名称	装排气歧管总成		
2. 要素序号 4 工艺要求及注意事项			
五、要素序号 5			
1. 要素序号 5 名称	拧紧排气歧管总成螺母并检查		
2. 要素序号 5 工艺要求及注意事项			
六、要素序号 6			
1. 要素序号 6 名称	预装前氧传感器并检查		
2. 要素序号 6 工艺要求及注意事项			
七、要素序号 7			
1. 要素序号 7 名称	拧紧氧传感器并检查		
2. 要素序号 7 工艺要求及注意事项			

续上表

八、要素序号 8	
1. 要素序号 8 名称	夹装氧传感器线束并检查
2. 要素序号 8 工艺要求及注意事项	
九、要素序号 9	
1. 要素序号 9 名称	取上下隔热板并检查
2. 要素序号 9 工艺要求及注意事项	
十、要素序号 10	
1. 要素序号 10 名称	预装排气歧管上下隔热罩
2. 要素序号 10 工艺要求及注意事项	
十一、要素序号 11	
1. 要素序号 11 名称	装带肩螺栓并检查
2. 要素序号 11 工艺要求及注意事项	
十二、要素序号 12	
1. 要素序号 12 名称	拧紧所有预装螺母、螺栓并检查
2. 要素序号 12 工艺要求及注意事项	

工序检查表（用于装配过程检查确认）

要素序号	工序步骤名称	作业检查确认（OK/NOK）	装配信息记录（力矩、间隙、分组号等数据记录）	备注（异常及问题记录）
1	拧紧 2 个双头螺柱			
2	预装排气歧管隔热垫总成			
3	取排气歧管总成			
4	装排气歧管总成			
5	拧紧排气歧管总成螺母并检查			

续上表

要素序号	工序步骤名称	作业检查确认（OK/NOK）	装配信息记录（力矩、间隙、分组号等数据记录）	备注（异常及问题记录）
6	预装前氧传感器并检查			
7	拧紧氧传感器并检查			
8	夹装氧传感器线束并检查			
9	取上下隔热板并检查			
10	预装排气歧管上下隔热罩			
11	装带肩螺栓并检查			
12	拧紧所有预装螺母、螺栓并检查			

注：作业检查确认内容——是否按工艺要求完成装配作业，特别是一些关键工艺及注意事项，需重点检查确认。

一分钟质量检查单

序号	检查内容	检查标准	检查方法		日期	日			日			日		
					班次	1	2	3	1	2	3	1	2	3
1	排气歧管隔热垫		目视 触摸 测试	○ ○ ○	首检									
					末检									
2	氧传感器		目视 触摸 测试	○ ○ ○	首检									
					末检									
3	螺母、螺栓		目视 触摸 测试	○ ○ ○	首检									
					末检									

注：1. 请把你所使用的检查方法圆圈标识涂黑；
2. 检查结果为 OK 请打"√"，NOK 请打"×"；
3. 每一班次本工位第一个（首检）及最后一个（末检）产品工作完成后，操作员停线一分钟按要求进行质量检查。

签名确认

学生自我评价

自我评价内容：			
学生姓名		自我评价时间	

18.装发电机、水泵皮带轮工位学生工作页

班级		姓名	
产品名称	发动机	工序名称	
工位	装发电机、水泵皮带轮工位	工序号	
一、要素序号1			
1.要素序号1名称	取零件和工具		
2.要素序号1工艺要求及注意事项			
二、要素序号2			
1.要素序号2名称	装发电机支架并检查		
2.要素序号2工艺要求及注意事项			
三、要素序号3			
1.要素序号3名称	拧紧发电机支架螺栓并检查		
2.要素序号3工艺要求及注意事项			
四、要素序号4			
1.要素序号4名称	装发电机总成并检查		
2.要素序号4工艺要求及注意事项			
五、要素序号5			
1.要素序号5名称	预装水泵皮带轮		
2.要素序号5工艺要求及注意事项			
六、要素序号6			
1.要素序号6名称	装风扇皮带并检查		
2.要素序号6工艺要求及注意事项			
七、要素序号7			
1.要素序号7名称	拧紧水泵皮带轮螺栓并检查		
2.要素序号7工艺要求及注意事项			

续上表

八、要素序号 8	
1. 要素序号 8 名称	调节风扇皮带张紧度
2. 要素序号 8 工艺要求及注意事项	
九、要素序号 9	
1. 要素序号 9 名称	拧紧发电机总成与托架的螺栓并检查
2. 要素序号 9 工艺要求及注意事项	
十、要素序号 10	
1. 要素序号 10 名称	检查风扇皮带张紧度
2. 要素序号 10 工艺要求及注意事项	

工序检查表（用于装配过程检查确认）

要素序号	工序步骤名称	作业检查确认（OK/NOK）	装配信息记录（力矩、间隙、分组号等数据记录）	备注（异常及问题记录）
1	取零件和工具			
2	装发电机支架并检查			
3	拧紧发电机支架螺栓并检查			
4	装发电机总成并检查			
5	预装水泵皮带轮			
6	装风扇皮带并检查			
7	拧紧水泵皮带轮螺栓并检查			
8	调节风扇皮带张紧度			
9	拧紧发电机总成与托架的螺栓并检查			
10	检查风扇皮带张紧度			

注：作业检查确认内容——是否按工艺要求完成装配作业，特别是一些关键工艺及注意事项，需重点检查确认。

一分钟质量检查单

序号	检查内容	检查标准	检查方法		日期	日			日			日		
					班次	1	2	3	1	2	3	1	2	3
1	拧紧发电机支架螺栓	无漏拧紧并做自检标识	目视 触摸 测试	○ ○ ○	首检									
					末检									
2	风扇皮带	按装配工艺要求	目视 触摸 测试	○ ○ ○	首检									
					末检									
3	水泵皮带轮螺栓	按装配工艺要求	目视 触摸 测试	○ ○ ○	首检									
					末检									
注:1. 请把你所使用的检查方法圆圈标识涂黑; 2. 检查结果为 OK 请打"√",NOK 请打"×"; 3. 每一班次本工位第一个(首检)及最后一个(末检)产品工作完成后,操作员停线一分钟按要求进行质量检查。					签名确认									

学生自我评价

自我评价内容:			
学生姓名		自我评价时间	

19. 装离合器、高压线工位学生工作页

班级		姓名	
产品名称	发动机	工序名称	
工位	装离合器、高压线工位	工序号	
一、要素序号1			
1. 要素序号1名称	取零件和工具		
2. 要素序号1 工艺要求及注意事项			
二、要素序号2			
1. 要素序号2名称	安装离合器从动盘并检查		
2. 要素序号2 工艺要求及注意事项			
三、要素序号3			
1. 要素序号3名称	安装离合器盖并检查		
2. 要素序号3 工艺要求及注意事项			
四、要素序号4			
1. 要素序号4名称	预装螺栓并检查		
2. 要素序号4 工艺要求及注意事项			
五、要素序号5			
1. 要素序号5名称	预紧螺栓并检查		
2. 要素序号5 工艺要求及注意事项			
六、要素序号6			
1. 要素序号6名称	拧紧离合器螺栓并检查		
2. 要素序号6 工艺要求及注意事项			
七、要素序号7			
1. 要素序号7名称	取高压线		
2. 要素序号7 工艺要求及注意事项			

续上表

八、要素序号 8	
1. 要素序号 8 名称	把点火高压线装入火花塞并检查
2. 要素序号 8 工艺要求及注意事项	
九、要素序号 9	
1. 要素序号 9 名称	夹装高压点火线入软线夹并检查
2. 要素序号 9 工艺要求及注意事项	

工序检查表(用于装配过程检查确认)

要素序号	工序步骤名称	作业检查确认（OK/NOK）	装配信息记录（力矩、间隙、分组号等数据记录）	备注（异常及问题记录）
1	取零件和工具			
2	安装离合器从动盘并检查			
3	安装离合器盖并检查			
4	预装螺栓并检查			
5	预紧螺栓并检查			
6	拧紧离合器螺栓并检查			
7	取高压线			
8	把点火高压线装入火花塞并检查			
9	夹装高压点火线入软线夹并检查			

注:作业检查确认内容——是否按工艺要求完成装配作业,特别是一些关键工艺及注意事项,需重点检查确认。

一分钟质量检查单

序号	检查内容	检查标准	检查方法		日期 班次	日			日			日		
						1	2	3	1	2	3	1	2	3
1	离合器从动盘		目视 触摸 测试	○ ○ ○	首检									
					末检									
2	离合器螺栓		目视 触摸 测试	○ ○ ○	首检									
					末检									
注:1. 请把你所使用的检查方法圆圈标识涂黑; 2. 检查结果为 OK 请打"√",NOK 请打"×"; 3. 每一班次本工位第一个(首检)及最后一个(末检)产品工作完成后,操作员停线一分钟按要求进行质量检查。					签名 确认									

学生自我评价

自我评价内容:

学生姓名		自我评价时间	

20.装进气歧管支架、节流阀体、回水橡胶管、外观检查、发动机下线工位学生工作页

班级		姓名	
产品名称	发动机	工序名称	
工位	装进气歧管支架、节流阀体、回水橡胶管、外观检查、发动机下线工位	工序号	
一、要素序号1			
1.要素序号1名称	取进气歧管支架及螺栓		
2.要素序号1工艺要求及注意事项			
二、要素序号2			
1.要素序号2名称	拧紧进气歧管支架并检查		
2.要素序号2工艺要求及注意事项			
三、要素序号3			
1.要素序号3名称	取节流阀体、垫片及螺栓		
2.要素序号3工艺要求及注意事项			
四、要素序号4			
1.要素序号4名称	预紧节流阀体总成		
2.要素序号4工艺要求及注意事项			
五、要素序号5			
1.要素序号5名称	拧紧节流阀体总成		
2.要素序号5工艺要求及注意事项			
六、要素序号6			
1.要素序号6名称	装回水橡胶管		
2.要素序号6工艺要求及注意事项			

续上表

七、要素序号7	
1. 要素序号7名称	发动机外观检查
2. 要素序号7工艺要求及注意事项	
八、要素序号8	
1. 要素序号8名称	发动机下线
2. 要素序号8工艺要求及注意事项	

工序检查表（用于装配过程检查确认）

要素序号	工序步骤名称	作业检查确认（OK/NOK）	装配信息记录（力矩、间隙、分组号等数据记录）	备注（异常及问题记录）
1	取进气歧管支架及螺栓			
2	拧紧进气歧管支架并检查			
3	取节流阀体、垫片及螺栓			
4	预紧节流阀体总成			
5	拧紧节流阀体总成			
6	装回水橡胶管			
7	发动机外观检查			
8	发动机下线			

注：作业检查确认内容——是否按工艺要求完成装配作业，特别是一些关键工艺及注意事项，需重点检查确认。

一分钟质量检查单

序号	检查内容	检查标准	检查方法		日期	日			日			日		
					班次	1	2	3	1	2	3	1	2	3
1	进气歧管支架及螺栓		目视 触摸 测试	○ ○ ○	首检									
					末检									
2	回水橡胶管		目视 触摸 测试	○ ○ ○	首检									
					末检									
3	发动机外观		目视 触摸 测试	○ ○ ○	首检									
					末检									
注:1. 请把你所使用的检查方法圆圈标识涂黑; 2. 检查结果为 OK 请打"√",NOK 请打"×"; 3. 每一班次本工位第一个(首检)及最后一个(末检)产品工作完成后,操作员停线一分钟按要求进行质量检查。					签名确认									

学生自我评价

自我评价内容:

学生姓名			自我评价时间	

21. 缸盖分装工位学生工作页

班级			姓名	
产品名称	发动机		工序名称	
工位	缸盖分装工位（线外）		工序号	
一、要素序号1					
1.要素序号1名称	取缸盖、进气门、排气门			
2.要素序号1工艺要求及注意事项				
二、要素序号2					
1.要素序号2名称	装进、排气门并检查			
2.要素序号2工艺要求及注意事项				
三、要素序号3					
1.要素序号3名称	气门试漏			
2.要素序号3工艺要求及注意事项				
四、要素序号4					
1.要素序号4名称	装气门弹簧底座并检查			
2.要素序号4工艺要求及注意事项				
五、要素序号5					
1.要素序号5名称	涂润滑油并检查			
2.要素序号5工艺要求及注意事项				
六、要素序号6					
1.要素序号6名称	预装气门油封总成并检查			
2.要素序号6工艺要求及注意事项				
七、要素序号7					
1.要素序号7名称	把汽缸盖组件移至气门油封压装装置			
2.要素序号7工艺要求及注意事项				

续上表

八、要素序号8	
1.要素序号8名称	压装气门油封并检查
2.要素序号8工艺要求及注意事项	
九、要素序号9	
1.要素序号9名称	自检合格
2.要素序号9工艺要求及注意事项	
十、要素序号10	
1.要素序号10名称	装气门弹簧
2.要素序号10工艺要求及注意事项	
十一、要素序号11	
1.要素序号11名称	取锥形锁夹和气门弹簧座并检查
2.要素序号11工艺要求及注意事项	
十二、要素序号12	
1.要素序号12名称	装锥形锁夹至气门弹簧座并检查
2.要素序号12工艺要求及注意事项	
十三、要素序号13	
1.要素序号13名称	装气门弹簧座至专用盆
2.要素序号13工艺要求及注意事项	
十四、要素序号14	
1.要素序号14名称	装气门弹簧上座
2.要素序号14工艺要求及注意事项	
十五、要素序号15	
1.要素序号15名称	把汽缸盖组件移至气门锁夹压装装置
2.要素序号15工艺要求及注意事项	

续上表

十六、要素序号 16	
1. 要素序号 16 名称	压装气门锁夹及自检合格
2. 要素序号 16 工艺要求及注意事项	

工序检查表（用于装配过程检查确认）

要素序号	工序步骤名称	作业检查确认（OK/NOK）	装配信息记录（力矩、间隙、分组号等数据记录）	备注（异常及问题记录）
1	取缸盖、进气门、排气门			
2	装进、排气门并检查			
3	气门试漏			
4	装气门弹簧底座并检查			
5	涂润滑油并检查			
6	预装气门油封总成并检查			
7	把汽缸盖组件移至气门油封压装装置			
8	压装气门油封并检查			
9	自检合格			
10	装气门弹簧			
11	取锥形锁夹和气门弹簧座并检查			
12	装锥形锁夹至气门弹簧座并检查			
13	装气门弹簧座至专用盆			
14	装气门弹簧上座			
15	把汽缸盖组件移至气门锁夹压装装置			
16	压装气门锁夹及自检合格			

注：作业检查确认内容——是否按工艺要求完成装配作业，特别是一些关键工艺及注意事项，需重点检查确认。

一分钟质量检查单

序号	检查内容	检查标准	检查方法		日期	日			日			日		
					班次	1	2	3	1	2	3	1	2	3
1	进气门、排气门		目视 触摸 测试	○ ○ ○	首检									
					末检									
2	气门油封总成		目视 触摸 测试	○ ○ ○	首检									
					末检									
3	锥形锁夹至气门弹簧座		目视 触摸 测试	○ ○ ○	首检									
					末检									
注:1.请把你所使用的检查方法圆圈标识涂黑; 2.检查结果为OK请打"√",NOK请打"×"; 3.每一班次本工位第一个(首检)及最后一个(末检)产品工作完成后,操作员停线一分钟按要求进行质量检查。					签名确认									

学生自我评价

自我评价内容:			
学生姓名		自我评价时间	

22.活塞连杆分装工位学生工作页

班级		姓名	
产品名称	发动机	工序名称	
工位	活塞连杆分装工位	工序号	
一、要素序号1			
1.要素序号1名称	取活塞4个		
2.要素序号1工艺要求及注意事项			
二、要素序号2			
1.要素序号2名称	取出4件连杆		
2.要素序号2工艺要求及注意事项			
三、要素序号3			
1.要素序号3名称	取4个活塞销,确认活塞、连杆、活塞销无划伤、砂眼、裂痕后放在工作台上,预装活塞销		
2.要素序号3工艺要求及注意事项			
四、要素序号4			
1.要素序号4名称	预装连杆、活塞、活塞销		
2.要素序号4工艺要求及注意事项			
五、要素序号5			
1.要素序号5名称	取2件卡环,用一字螺丝刀装配卡环入活塞卡环槽		
2.要素序号5工艺要求及注意事项			
六、要素序号6			
1.要素序号6名称	取1件衬环、2件刮片环		
2.要素序号6工艺要求及注意事项			

续上表

七、要素序号 7	
1. 要素序号 7 名称	装配衬环及刮片环
2. 要素序号 7 工艺要求及注意事项	
八、要素序号 8	
1. 要素序号 8 名称	取第一道气环、第二道气环各 1 个
2. 要素序号 8 工艺要求及注意事项	
九、要素序号 9	
1. 要素序号 9 名称	用工装装配活塞环
2. 要素序号 9 工艺要求及注意事项	
十、要素序号 10	
1. 要素序号 10 名称	调整活塞环开口角度并检查
2. 要素序号 10 工艺要求及注意事项	
十一、要素序号 11	
1. 要素序号 11 名称	清洗活塞连杆
2. 要素序号 11 工艺要求及注意事项	
十二、要素序号 12	
1. 要素序号 12 名称	看曲轴箱缸孔颜色
2. 要素序号 12 工艺要求及注意事项	
十三、要素序号 13	
1. 要素序号 13 名称	看活塞颜色标记
2. 要素序号 13 工艺要求及注意事项	
十四、要素序号 14	
1. 要素序号 14 名称	选配活塞连杆总成
2. 要素序号 14 工艺要求及注意事项	

续上表

十五、要素序号 15	
1.要素序号 15 名称	看曲轴连杆颈组别号
2.要素序号 15 工艺要求及注意事项	
十六、要素序号 16	
1.要素序号 16 名称	看活塞连杆组别号
2.要素序号 16 工艺要求及注意事项	
十七、要素序号 17	
1.要素序号 17 名称	选配和装配连杆轴瓦
2.要素序号 17 工艺要求及注意事项	
十八、要素序号 18	
1.要素序号 18 名称	活塞连杆总成涂润滑油
2.要素序号 18 工艺要求及注意事项	
十九、要素序号 19	
1.要素序号 19 名称	将活塞连杆总成转移到流水线上
2.要素序号 19 工艺要求及注意事项	

工序检查表(用于装配过程检查确认)

要素序号	要素序号名称	作业检查确认（OK/NOK）	装配信息记录（力矩、间隙、分组号等数据记录）	备注（异常及问题记录）
1	取活塞 4 个			
2	取出 4 件连杆			
3	取 4 个活塞销,确认活塞、连杆、活塞销无划伤、沙眼、裂痕后放在工作台上,预装活塞销			
4	取活塞 4 个			

续上表

要素序号	要素序号名称	作业检查确认（OK/NOK）	装配信息记录（力矩、间隙、分组号等数据记录）	备注（异常及问题记录）
5	预装连杆、活塞、活塞销			
6	取2件卡环,用一字螺丝刀装配卡环入活塞卡环槽			
7	装配衬环及刮片环			
8	取第一道气环、第二道气环各1个			
9	用工装装配活塞环			
10	调整活塞环开口角度并检查			
11	清洗活塞连杆			
12	看曲轴箱缸孔颜色			
13	看活塞颜色标记			
14	选配活塞连杆总成			
15	看曲轴连杆颈组别号			
16	看活塞连杆组别号			
17	选配和装配连杆轴瓦			
18	活塞连杆总成涂润滑油			
19	将活塞连杆总成转移到流水线上			

注:作业检查确认内容——是否按工艺要求完成装配作业,特别是一些关键工艺及注意事项,需重点检查确认。

一分钟质量检查单

序号	检查内容	检查标准	检查方法		日期	日			日			日		
					班次	1	2	3	1	2	3	1	2	3
1	活塞环开口角度		目视 触摸 测试	○ ○ ○	首检									
					末检									
2	活塞颜色标记		目视 触摸 测试	○ ○ ○	首检									
					末检									
3	活塞连杆组别号		目视 触摸 测试	○ ○ ○	首检									
					末检									

注:1. 请把你所使用的检查方法圆圈标识涂黑;
2. 检查结果为OK请打"√",NOK请打"×";
3. 每一班次本工位第一个(首检)及最后一个(末检)产品工作完成后,操作员停线一分钟按要求进行质量检查。

签名确认

学生自我评价

自我评价内容:

学生姓名		自我评价时间	

23. 曲轴前、后油封压装(分装)工位学生工作页

班级		姓名	
产品名称	发动机	工序名称	
工位	曲轴前、后油封压装(分装)工位	工序号	
一、要素序号 1			
1. 要素序号 1 名称	取后端盖油封和机油并检查		
2. 要素序号 1 工艺要求及注意事项			
二、要素序号 2			
1. 要素序号 2 名称	后端盖油封涂机油		
2. 要素序号 2 工艺要求及注意事项			
三、要素序号 3			
1. 要素序号 3 名称	安装后端盖油封至专用压装工具		
2. 要素序号 3 工艺要求及注意事项			
四、要素序号 4			
1. 要素序号 4 名称	取曲轴后端盖至压装工具座		
2. 要素序号 4 工艺要求及注意事项			
五、要素序号 5			
1. 要素序号 5 名称	压装曲轴后端盖油封并检查		
2. 要素序号 5 工艺要求及注意事项			
六、要素序号 6			
1. 要素序号 6 名称	将曲轴后端盖装入转运架并移送至总装线装后端盖工位		
2. 要素序号 6 工艺要求及注意事项			

续上表

七、要素序号7	
1.要素序号7名称	取机油泵油封和机油并检查
2.要素序号7工艺要求及注意事项	
八、要素序号8	
1.要素序号8名称	机油泵油封涂机油并检查
2.要素序号8工艺要求及注意事项	
九、要素序号9	
1.要素序号9名称	取机油泵至压装工具座并检查
2.要素序号9工艺要求及注意事项	
十、要素序号10	
1.要素序号10名称	安装机油泵油封至压装工具并检查
2.要素序号10工艺要求及注意事项	
十一、要素序号11	
1.要素序号11名称	压装机油泵油封并检查
2.要素序号11工艺要求及注意事项	
十二、要素序号12	
1.要素序号12名称	将机油泵总成装入转运小车并移送至总装线装机油泵工位
2.要素序号12工艺要求及注意事项	

工序检查表(用于装配过程检查确认)

要素序号	要素序号要素序号名称	作业检查确认(OK/NOK)	装配信息记录(力矩、间隙、分组号等数据记录)	备注(异常及问题记录)
1	取后端盖油封和机油并检查			
2	后端盖油封涂机油			
3	安装后端盖油封至专用压装工具			
4	取曲轴后端盖至压装工具座			
5	压装曲轴后端盖油封并检查			
6	将曲轴后端盖装入转运架并移送至总装线装后端盖工位			
7	取机油泵油封和机油并检查			
8	机油泵油封涂机油并检查			
9	取机油泵至压装工具座并检查			
10	安装机油泵油封至压装工具并检查			
11	压装机油泵油封并检查			
12	将机油泵总成装入转运小车并移送至总装线装机油泵工位			

注:作业检查确认内容——是否按工艺要求完成装配作业,特别是一些关键工艺及注意事项,需重点检查确认。

一分钟质量检查单

序号	检查内容	检查标准	检查方法		日期	日			日			日		
					班次	1	2	3	1	2	3	1	2	3
1	后端盖油封		目视 触摸 测试	○ ○ ○	首检									
					末检									
2	机油泵总成		目视 触摸 测试	○ ○ ○	首检									
					末检									
注:1. 请把你所使用的检查方法圆圈标识涂黑; 　　2. 检查结果为 OK 请打"√",NOK 请打"×"; 　　3. 每一班次本工位第一个(首检)及最后一个(末检)产品工作完成后,操作员停线一分钟按要求进行质量检查。					签名确认									

学生自我评价

自我评价内容:			
学生姓名		自我评价时间	

附录

产品螺栓力矩汇总表

序号	螺栓名称	力矩范围（N·m）	力矩扳手设定值（N·m）
1	主轴承盖螺栓	43~55	44
2	连杆螺母	28~40	29
3	曲轴转矩	≤10	10
4	缸盖螺栓	55~68	70
5	凸轮轴推力板螺钉	9~12	10
6	摇臂轴螺钉	9~12	10
7	曲轴后端盖螺栓	9~12	10
8	封水端盖螺栓	4~5	4
9	进气歧管双头螺柱	17~21	18
10	排气歧管双头螺柱	18~23	18
11	凸轮轴后端盖螺栓	15~18	18
12	水泵总成螺栓	9~12	10
13	机油泵螺栓	9~12	10
14	后罩壳螺栓	7~10	8
15	凸轮轴正时皮带轮螺栓	55~65	56
16	张紧轮螺栓	18~28	19
17	调气门螺栓	18~20	19
18	前罩壳螺栓	4~5	4
19	集滤器螺栓	9~12	10
20	油底壳螺栓	7~9	7
21	缸盖罩线夹支架螺栓	5~7	7
22	缸盖罩螺栓	6~8	7
23	火花塞	20~28	24
24	机油压力报警器	12~15	13

续上表

序号	螺栓名称	力矩范围 (N·m)	力矩扳手设定值 (N·m)
25	机油滤清器	12~16	13
26	进水管螺栓	9~12	10
27	皮带轮螺栓凸缘	16~24	17
28	发电机托架		19
29	机油滤清器连接管	20~25	22
30	飞轮螺栓	40~50	
31	主动皮带轮螺栓	80~100	82
32	进气压力温度传感器螺栓	5~7	7
33	拧紧PCV阀	7~10	7
34	炭罐控制阀支架	8~12	10
35	冷却液温度传感器	12~15	
36	进气歧管、排气歧管螺栓	17~21	18
37	爆震传感器	18~23	20
38	调温器盖螺栓	15~25	23
39	燃油导轨螺栓	15~18	16
40	水泵皮带轮螺栓	9~12	10
41	排气歧管罩螺栓	7~10	8
42	压缩机托架螺栓	18~30	19
43	发电机支架螺栓	18~23	19
44	发电机螺栓	18~23	19
45	排气歧管螺栓	18~23	18
46	氧传感器	38~50	39
47	离合器螺栓	25~29	26
48	节流阀体螺栓	9~12	10

参 考 文 献

[1] 卢圣春,李元福.汽车装配技术[M].北京:北京理工大学出版社,2013.
[2] 鲍海江,王力谦.汽车发动机装配工艺研究[J].工程技术,2017.
[3] 覃有森,甘光武.汽车发动机构造与拆装[M].北京:电子工业出版社,2013.
[4] 武华.汽车发动机构造与拆装工作页[M].北京:人民交通出版社,2007.

人民交通出版社汽车类中职教材部分书目

一、全国交通运输职业教育教学指导委员会规划教材 教育部中等职业教育汽车专业技能课教材

书 号	书 名	作 者	定 价	出版时间	课件
978-7-114-12216-3	汽车文化	李 青、刘新江	38.00	2017.3	有
978-7-114-12517-1	汽车定期维护	陆松波	39.00	2017.3	有
978-7-114-12170-8	汽车机械基础	何向东	37.00	2017.3	有
978-7-114-12648-2	汽车电工电子基础	陈文均	36.00	2017.3	有
978-7-114-12241-5	汽车发动机机械维修	杨建良	25.00	2017.3	有
978-7-114-12383-2	汽车传动系统维修	曾 丹	22.00	2017.3	有
978-7-114-12369-6	汽车悬架、转向与制动系统维修	郭碧宝	31.00	2017.3	有
978-7-114-12371-9	汽车发动机电器与控制系统检修	姚秀驰	33.00	2015.8	有
978-7-114-12314-6	汽车车身电气设备检修	占百春	22.00	2017.3	有
978-7-114-12467-9	汽车发动机及底盘常见故障的诊断与排除	杨永先	25.00	2015.8	有
978-7-114-12428-0	汽车自动变速器维修	王 健	23.00	2017.3	有
978-7-114-12225-5	汽车网络控制系统检修	毛叔平	29.00	2017.3	有
978-7-114-12193-7	新能源汽车结构与检修	陈社会	38.00	2017.3	有
978-7-114-12209-5	汽车检测与诊断技术	蒋红梅、吴国强	26.00	2017.3	有
978-7-114-12565-2	汽车检测设备的使用与维护	刘宣传、梁 钢	27.00	2017.3	有
978-7-114-12374-0	汽车维修接待实务	王彦峰	30.00	2015.8	有
978-7-114-12392-4	汽车保险与理赔	荆叶平	32.00	2015.9	有
978-7-114-12177-7	汽车维修基础	杨承明	26.00	2017.3	有
978-7-114-12538-6	汽车商务礼仪	赵 颖	32.00	2016.1	有
978-7-114-12442-6	汽车销售流程	李雪婷	30.00	2015.8	有
978-7-114-12488-4	汽车配件基础知识	杨二杰	20.00	2017.3	有
978-7-114-12546-1	汽车配件管理	吕 琪	33.00	2017.3	有
978-7-114-12539-3	客户关系管理	喻 媛	30.00	2016.1	有
978-7-114-12446-4	汽车电子商务	李 晶	30.00	2017.3	有
978-7-114-13054-0	汽车使用与维护	李春生	28.00	2016.8	有
978-7-114-12382-5	机械识图	林治平	24.00	2017.3	有
978-7-114-12804-2	汽车车身电气系统拆装	张 炜	35.00	2017.3	有
978-7-114-12190-6	汽车材料	陈 虹	29.00	2017.2	有
978-7-114-12466-2	汽车钣金工艺	林育彬	37.00	2015.8	有
978-7-114-12286-6	汽车车身与附属设备	胡建富、马 涛	22.00	2017.3	有
978-7-114-12315-3	汽车美容	赵俊山	20.00	2017.3	有
978-7-114-12144-9	汽车构造	齐忠志	39.00	2017.3	有
978-7-114-12262-0	汽车涂装基础	易建红	30.00	2015.8	有
978-7-114-13290-2	汽车美容与装潢经营	邵伟军	28.00	2016.12	有

二、中等职业教育国家规划教材

书 号	书 名	作 者	定 价	出版时间	课件
978-7-114-12992-6	机械基础（少学时）（第二版）	刘新江、袁 亮	34.00	2016.06	有
978-7-114-12872-1	汽车电控发动机构造与维修（第三版）	王 国	32.00	2016.06	有
978-7-114-12902-5	汽车发动机构造与维修（第三版）	张 嫣、苏 畅	35.00	2016.05	有
978-7-114-12812-7	汽车底盘构造与维修（第三版）	王家青、孟华霞、陆志琴	39.00	2016.04	有
978-7-114-12903-2	汽车电气设备构造与维修（第三版）	周建平	43.00	2016.05	有
978-7-114-12820-2	汽车自动变速器构造与维修（第三版）	周志伟、韩彦明、顾雯斌	29.00	2016.04	有
978-7-114-12845-5	汽车使用性能与检测（第三版）	杨益明、郭 彬	25.00	2016.04	有
978-7-114-12684-0	汽车材料（第三版）	周 燕	31.00	2016.01	有

咨询电话：010-85285962；010-85285977. 咨询QQ：616507284；99735898